PROCÈS
DE L'OLIGARCHIE
CONTRE
LA MONARCHIE.

Par L. G. J. M. BÉNABEN.

Sine irâ et studio quorum causas procul habeo.

TACIT., *Ann.*, *lib.* I.

A PARIS,
DE L'IMPRIMERIE DE BRASSEUR,
RUE DES ARCIS, n°. 22.
1817.

PRÉFACE.

J'AURAIS fait la part des convenances plus forte, si je n'eusse craint de rendre celle de la vérité trop faible.

PROCÈS
DE L'OLIGARCHIE
CONTRE LA MONARCHIE.

§ Ier.

Éclaircissemens préliminaires.

CHAPITRE PREMIER.

Deux sortes de Révolution.

UNE révolution est due quelquefois à un malaise général, quelquefois à des mécontentemens particuliers.

Quand elle résulte d'un malaise général, on ne peut la prévenir qu'en la secondant ; quand elle est le fruit de quelques mécontentemens particuliers, en la secondant on en prépare une autre.

Une révolution due à la première de ces causes prend d'abord un caractère grave et solennel.

C'est la puissante voix de la nature qui étouffe les cris des passions blessées. Mais si les passions arment pour la combattre, elle soulève pour les repousser tous les droits qu'elle a créés ou découverts : son audace est doublée par la conscience de ses forces; plus on lui résiste, plus elle exige; la raison se change en frénésie, et l'injustice naît de la justice même.

Celle qui est due à des mécontentemens particuliers, avec un autre caractère, prend aussi un autre maintien; ses allures sont moins vives, sa physionomie est moins altière; elle va biaisant et tâtonnant; au défaut d'une massue, elle s'arme d'imperceptibles filets.

La première finit toujours par rétrograder, parce qu'elle dépasse toujours son but; la seconde avance plus sûrement, par cela seul qu'elle marche à couvert.

Ce n'est point quand l'une et l'autre éclatent, que l'on peut dire qu'elles commencent. La première a commencé du moment où les mœurs ont cessé d'être en harmonie avec les lois; et la seconde, du moment où les lois, en se rapprochant des mœurs, ont froissé des intérêts qui s'interposaient entr'elles.

Je le répète, coordonner les institutions aux mœurs, c'est prévenir les révolutions nationales. Gouverner fortement, d'après ces institutions, c'est conjurer toutes les tempêtes que les partis voudraient exciter. Les devoirs du Gouvernement sont renfermés dans ces deux mots : *Condescendance*, *fermeté.* Céder et résister à propos, voilà toute sa politique.

CHAPITRE II.

Des Intérêts révolutionnaires.

Si quelqu'un s'avisait d'imprimer aujourd'hui que les Américains, les Anglais, les Suisses, sont des révolutionnaires, et cela parce que l'ordre actuel des choses en Amérique, en Angleterre, en Suisse, a commencé par des révolutions ; et si, pour donner plus de force au reproche, il ajoutait que ces peuples se montrent attachés aux produits de leurs révolutions, ne seriez-vous pas tentés de croire que son livre est sorti des presses de Charenton ?

C'est là pourtant, il faut le dire, la logique de nos Aristarques. Leurs sublimes inventions ne contrarient que la chronologie et la grammaire.

CHAPITRE III.

Des Institutions.

Peut-être n'existe-t-il point d'institution bonne ou mauvaise en soi ; car il est reconnu que l'on peut faire le bien avec des institutions réputées mauvaises, et qu'on peut faire le mal avec des institutions réputées bonnes.

Le régime de Dracon fut près d'étouffer Athènes naissante, et Venise se soutint pendant des siècles avec un gouvernement monstrueux, et peut-être à cause de ce gouvernement. Ainsi la salubrité du régime diététique se mesure au tempérament et aux habitudes. Les mêmes alimens qui énerveraient un estomac vigoureux restaureraient un estomac faible ; les alimens qui accableraient un estomac faible restaureraient un estomac vigoureux ; et l'on a vu des estomacs malades digérer des poisons.

Ceci s'adresse à nos grands controversites qui s'efforcent d'introduire dans la politique les méthodes de Scot, et vont toujours subtilisant, jusqu'à ce qu'ils se perdent dans le vide.

CHAPITRE IV.

Comment nos Mœurs sont en harmonie avec nos lois.

Lorsque Tacite peint les Romains comme un peuple qui ne peut souffrir ni l'entière liberté, ni l'entière servitude, on dirait que c'est nous qu'il désigne. Le Français a trop de mobilité pour se gouverner lui-même, et trop d'esprit pour ne pas juger si on le gouverne bien ou mal.

Son cœur est aimant; il lui faut donc des chefs qu'il aime, des chefs qui aient ses mœurs, son caractère, ses penchans, des chefs qui soient véritablement siens. Il les aima par choix d'abord; pour les lui faire aimer par nature, les lois ont caché dans leurs fondemens un remède à sa mobilité. La légitimité était nécessaire aux Français plus qu'à tout autre peuple.

L'égalité ne lui est pas moins nécessaire. Elle était déjà dans ses mœurs avant d'être dans ses lois; ou plutôt elle a passé de ses mœurs dans ses lois. Elle existait dans le commerce de la vie, bien avant d'être consacrée comme un droit; et celui qui a imprimé que la distance des rangs était l'un des besoins des Français, n'a bien connu ni le Français d'aujourd'hui, ni même le Français d'autrefois.

Une plus profonde analyse montrerait toutes nos vertus comme tous nos défauts, c'est-à-dire le système entier de nos mœurs dans ce double penchant à aimer et à changer, et tous nos droits comme tous nos devoirs, c'est-à-dire le système entier de nos lois, dans ce double principe de légitimité du gouvernement, et d'égalité des gouvernés.

CHAPITRE V.

Transformations successives de l'Ordre social.

Ne remontons point à l'origine des sociétés humaines, pour expliquer la grande énigme de la civilisation, ce serait demander la lumière aux ténèbres. L'histoire nous sert ici mieux que le raisonnement, et l'on ne fonde point des faits sur des hypothèses.

De quelque côté que je porte ma vue, quels que soient les pays et les temps, dans l'antiquité comme dans le moyen âge, en Europe comme en Asie, sous le sceptre des Rois et sous celui de la multitude, partout je vois régner ce terrible droit du plus fort. Il est la source d'où les hommes ont tiré toutes leurs lois; il est la base sur laquelle ont reposé jusqu'à nous toutes leurs coutumes. Maître, esclave, seigneur, vilain, c'est une même distinction sous deux formes ; c'est une même hiérarchie sous deux aspects. Dans les temps anciens, comme dans les temps modernes, on n'a su ce que c'était que d'être quelque chose, sans en réduire d'autres à n'être rien ; et la liberté s'est maintenue par l'esclavage, comme la vie se maintient par les destructions.

Le christianisme, en proclamant au nom du ciel cette fraternité de tous les hommes, qui est leur plus beau titre, puisqu'elle annonce quel est leur père commun, avait déjà ruiné dans ses bases ce droit du plus fort. Mais le christianisme, étranger par sa nature aux choses du monde, ne pouvait faire un droit politique d'un droit naturel : tandis qu'il montrait l'égalité écrite dans le ciel, la tyrannie n'en restait pas moins maîtresse de la terre. L'égalité politique était sans doute un effet inévitable de ses dogmes, mais un effet nécessairement insensible et lent, car s'il ôtait l'erreur des doctrines, il laissait l'abus dans les actions.

Ce que le christianisme ne pouvait et ne devait point faire par lui-même, la civilisation a su le faire avec son secours. En multipliant les relations d'homme à homme, elle a mieux appris au fort tout ce qu'il pouvoit devoir au faible ; elle leur a mieux appris à tous deux ce qu'ils étaient l'un à l'autre ; car on ne se mesure jamais bien qu'à de petites distances.

Le premier pas vers l'égalité se fit lorsqu'un certain nombre d'hommes eut la pensée de se grouper, non pour tenter des chocs, mais pour amortir des coups. Encore tout humiliés et tout meurtris d'un joug de plusieurs siècles, ils ne concevaient pas que la société se comptât par tête d'homme ; et pensant qu'il n'y avait d'unités que les forts, par une conséquence naturelle ils voulurent se composer une force pour représenter une unité. De cette nouvelle manière d'être sortirent de nouveaux intérêts, un nouvel esprit. L'homme s'attacha d'autant plus à la communauté, qu'il sentait davantage son néant. Perdu et comme anéanti hors d'elle, il se hâtait de rentrer dans son sein, pour avoir au moins sa part d'une existence ; assez semblable à cet animal industrieux mais timide, qui, séparé de ses compagnons, semble avoir oublié son instinct, et s'enfonce ignoblement dans un terrier après avoir bâti des villes. Cet état de choses perpétua les dominations injustes, tout en les atténuant, car la petite société devint l'image de la grande ; elle eut aussi ses aristocraties, ses unités fractionnaires qui allaient se grossissant des fractions infimes ; l'orgueil soutint l'orgueil. Le petit dominateur conspira contre l'égalité avec le dominateur plus puissant, et consentit à être foulé pourvu qu'il foulât à son tour.

Enfin, l'on revint par un long circuit à la nature. L'homme se souvint de son titre, et y retrouva sa force; il fut, au dernier terme de la civilisation, ce qu'il était au premier. Les corporations périrent par les causes mêmes qui les avaient fondées, et les élémens primitifs reparurent.

Qu'on juge après cela de cette politique étroite et perfide, qui voudrait nous reporter aux temps des fausses unités, des faux intérêts, des fausses patries. En vain citeront-ils pour exemple des gouvernemens qu'on admire. On les admirerait moins sans les écueils qui les environnent, et leur beauté même trahit le vice de leur origine. J'aime à voir se combiner sans collision des intérêts ennemis; mais j'aimerais bien mieux qu'il n'y eût point d'intérêts ennemis. Je rends justice au génie qui neutralise les résistances, mais je ne puis m'empêcher de voir qu'en les neutralisant il élimine des forces actives. J'approuve le remède; mais je préférerais que le mal n'existât pas; et il me semble qu'un homme qui pourrait se tenir debout sur ses pieds, aurait tort de se suspendre, pour faire preuve d'adresse, dans une position telle qu'il devrait périr infailliblement, si l'équilibre venait à se rompre.

Les corporations, comme les cercles, ne se

touchent qu'en un point. Que faire de ce qui est en-dehors? car il restera toujours quelque chose en-dehors. Le corps politique, ainsi constitué, manque d'adhérence et de ciment dans ses parties. L'esprit de corps tue l'esprit de cité; car il n'y a point de place dans le cœur humain pour deux affections.

CHAPITRE VI.

Conséquences.

La révolution est-elle enfin terminée? C'est une vieille question qu'on s'efforce de rajeunir. Si l'on entend la révolution des choses, ce que j'ai dit plus haut laisse plus de matière au doute.

La légitimité, en donnant à nos affections un aliment sacré, constant, invariable, est à-la-fois l'ancre de nos lois et la sauve-garde de nos mœurs.

L'égalité civile, en ouvrant les portes de la grandeur à toutes les ambitions légitimes, satisfait le premier besoin d'un cœur français, qui craint la honte plus que la mort. La liberté de l'individu, de la pensée, des consciences, la puissance de l'opinion, tout ce qui est noble et utile découle de cette source.

Nous avons ce que nous demandions depuis

long-temps, un état de choses fait pour nous, et non pour les Romains, les Goths, les Gaulois, les Bourguignons ; car nous ne sommes rien de tout cela, nous sommes Français.

La révolution est donc terminée en ce sens, que les lois ne pouvant forcer les mœurs à descendre usqu'à elles, se sont élevées jusqu'aux mœurs.

Mais on se souvient que nous avons envisagé les révolutions sous deux aspects ; il reste donc un second examen à faire, et ce n'est pas le moins pénible.

---

§. II.

Analyse du Procès.

Ῥήτωρ πονηρὸς τοὺς Νόμους λυμαίνεται.
ἐκ τῶν γνωμ. Μονός.

L'orateur corrompu corrompt les lois.

CHAPITRE PREMIER.

Les Trois Manières.

J'ai sous les yeux trois ouvrages sur le plus triste des sujets, nos débats politiques.

Le premier est écrit avec cette richesse d'imagination, et cette ambition de style, qui sont en possession de séduire le plus grand nombre des lecteurs, parce que le plus grand nombre des lecteurs se laisse prendre à des images. C'est l'ouvrage d'un homme de talent qui voudrait avoir du génie. A ce livre se rattache un petit appendice, déjà maigre de pensées, et amaigri encore par un recueil de délations.

Le second est écrit de ce ton railleur et mordant, qui ne peut manquer de plaire à des Français. Il fait suite à cinq autres petits écrits, moins élégans et aussi bizarres. Le sophisme s'y montre quelquefois sous une forme neuve. Le style n'en est pas toujours irréprochable; mais il se recommande par l'originalité. C'est l'ouvrage d'un homme de beaucoup d'esprit, qui en manque pourtant en un point; c'est qu'il s'évertue à vanter sa bonne foi, et fait tout pour prouver le contraire. On dirait de défunt Figaro, à cette circonstance près.

Le troisième, bien moins pompeux que le premier, bien moins ingénieux que le second, est cependant plus précieux, par cela qu'il explique intelligiblement ce que les autres tenaient enveloppé, et qu'il donne le mot de l'énigme.

Une métaphore exprimera ma pensée. Trois hommes ont formé le dessein d'égarer un voyageur : l'un se charge de fasciner ses yeux, et l'autre de lui servir de guide ; tout était perdu, si le troisième, par quelque mot ou quelque signe indiscret, ne l'eût averti. Ce troisième-là gâte tout.

On voit bien que je veux parler des écrits de MM. de Chateaubriant, Fiévée et Sesmaisons.

CHAPITRE II.

M. de Chateaubriant avant sa dernière brochure.

M. de Chateaubriant s'était fait dogmatiseur, avant de se faire dénonciateur, aussi peu propre à l'un de ces rôles qu'à l'autre; car le premier exige une logique puissante, qui manque peut-être aux rares qualités du noble pair, et le second suppose une amertume et une aigreur qui entrent difficilement dans une grande ame.

Je réduirai ses dogmes à trois : 1° que les ministres dépendent des Chambres; 2° que l'initiative n'appartient pas moins aux Chambres qu'au Roi; 3° que les intérêts révolutionnaires sont de deux sortes, dont l'une veut être protégée, et l'autre comprimée.

J'expliquerai ensuite d'un mot comment ces doctrines bizarres se lient entre elles, et quelle est la pensée secrète à laquelle elles se rattachent.

La raison se révolte d'abord d'une loi qui met les ministres nommés par le Roi dans la dépendance d'un autre que le Roi; car c'est un principe que tout pouvoir est naturellement comptable à celui qui l'institue ; et comme les Chambres n'ont point institué ce pouvoir, on ne voit point trop à quel titre il serait comptable envers elles.

Pour donner une couleur de vérité à cette assertion, notre publiciste s'avise du plus étrange moyen qui soit jamais sorti d'une tête pensante, c'est que les ministres sont un quatrième élément constitutif, c'est-à-dire qu'ils forment avec le Roi, les pairs et les députés, tout le Gouvernement. Il ne se demande point si cette division est bien dans la nature, si elle est dans l'ordre, si elle est dans la Charte ; il lui suffit qu'elle soit dans les intérêts du parti. Mais, par une réprobation attachée à l'erreur, il se trouve que ce même expédient, inventé pour soustraire les ministres à l'autorité du Roi, les soustrait également à l'autorité des Chambres ; car tout élément constitutif reste indépendant des autres élémens, et tout élément secondaire, par cela qu'il est secondaire, cesse d'être constitutif. M. de Chateaubriant ne pouvait donc considérer les ministres comme un élément politique, sans les émanciper ; ni les émanciper, sans ôter absolument aux Chambres toute autorité sur eux.

Il reste néanmoins un principe impérissable, un principe qu'on ne saurait éluder sans tomber dans le despotisme ; c'est que pouvoir et responsabilité sont deux corrélatifs. En transportant toute responsabilité aux ministres, la loi satisfait au principe sans profaner la royauté. Elle a vu que la personne du Roi ne pouvait faillir, puisqu'il ne pouvait avoir d'intérêt à faillir; mais que son gouvernement pouvait ne pas avoir le même intérêt, parce que sa personne n'était pas tout le gouvernement. Dépositaire unique d'une des deux puissances, copartageant de l'autre, c'est envers lui-même que le souverain serait responsable. Il a fallu créer des relations contraires à l'ordre naturel des choses, pour concilier la justice et la politique, la majesté du trône et la liberté des peuples.

Le second dogme de M. de Chateaubriant, ce sont les trois initiatives. Ici M. de Chateaubriant rentre dans le chemin battu; il s'y retrouve avec M. Fiévée, avec tous les écrivains de la secte. Ces trois initiatives sont une suite de leurs trois principes; comme si ces trois principes, ou plutôt ces trois élémens, étaient géométriquement égaux; comme si, malgré leur parallélisme apparent, l'autorité royale n'était pas nécessairement la source de toutes les autres dans la monarchie.

L'initiative et la sanction paraissent incompatibles à M. de Chateaubriant, et moi je ne vois l'indépendance du trône que dans leur réunion; car l'initiative étant l'action du Roi sur la pensée des Chambres, amène la réaction des Chambres sur la pensée du Roi. Par la sanction, il agit à son tour sur ces réactions ; et comme les Chambres ont été les juges de sa pensée, il devient ainsi juge de la pensée des Chambres.

Je n'ignore pas qu'en Angleterre les Chambres partagent l'initiative ; mais ceux qui ont donné quelques soins à l'étude du droit parlementaire savent par combien de filières un bill doit passer avant de faire loi. D'abord il faut demander la permission de le présenter à la Chambré. Viennent après, trois lectures dans trois différentes séances : une première lecture n'est qu'un renseignement ; rarement le bill succombe à cette épreuve ; il n'est même point combattu. Quelquefois on le renvoie à un comité spécial, quelquefois à un comité général ; quelquefois même, après ce renvoi, il en subit un nouveau. Les objections commencent alors, mais seulement sur la question de savoir s'il sera procédé à une seconde lecture. Dans cette progression, dont le premier terme est la permission de présenter le bill, et le dernier terme la discussion du bill amendé, on voit une grande pensée naître, croître, mûrir ; et l'on peut, si j'ose parler ainsi, suivre de l'œil sa formation et ses progrès. Je le demande à tout homme de bonne foi, l'impatience française s'accommoderait-elle de toutes ces lenteurs, aussi nécessaires pourtant à la justice politique que les formalités des procédures sont nécessaires à la justice criminelle ?

Accordez exclusivement l'initiative au Roi, il ne sera rien présenté à la discussion des Chambres que de savantes discussions n'aient élaboré d'avance; car toutes les épreuves que la législation anglaise commande pour la proposition particulière d'un membre, la sagesse de notre Gouvernement et même son intérêt l'exécutent dans les propositions qu'il adresse aux Chambres. Accordez l'initiative aux Chambres, et comptez, si vous le pouvez, toutes les rivalités, toutes les ambitions que vous aurez fait naître. Les tribuns de Rome attachaient leur nom aux lois qu'ils avaient portées, comme les généraux ajoutaient à leur nom celui des provinces qu'ils avaient conquises; et Rome dut peut-être à cette futile circonstance les lois qui hâtèrent sa perte. Gardons-nous donc de la triple initiative jusqu'à ce que nous ayons trouvé des hommes assez maîtres d'eux-mêmes pour résister à l'orgueil d'avoir imposé leur pensée au Gouvernement et d'avoir conquis une loi.

Le troisième dogme de M. de Chateaubriant, et son dogme favori, car il lui a fourni l'occasion d'enrichir la langue d'un mot nouveau, c'est qu'il ne faut point toucher aux droits que la révolution a fait naître; mais qu'on ne peut en conscience se dispenser de couvrir d'opprobre ceux qui sont en possession de ces droits. Ceci me rappelle le mot du maréchal de la Feuillade à la représentation d'une de nos plus belles tragédies. Ce maréchal entendant Auguste reprocher avec tant de hauteur à Cinna les bienfaits dont il l'avait comblé, s'écria : Tu me gâtes le *soyons amis ;* et il donna de sa pensée une explication que tout Français trouvera dans son cœur.

Si je voulais, comme tant d'autres, chercher des argumens dans les mots, je dirais que ce mot Α'μνήστέω ne signifie *je pardonne* que par une figure, que les rhéteurs nomment métalepse ; car son véritable sens est *j'oublie.* C'est qu'on procède de l'oubli au pardon, et non point du pardon à l'oubli. Je dirais que jamais formule ne fut plus mal trouvée, que ces mots d'intérêts moraux et matériels les uns et les autres révolutionnaires ; car les intérêts moraux précèdent la révolution, et les intérêts matériels suivent la révolution. Les intérêts moraux, s'il y a des intérêts moraux de ce genre, ne demandent que confusion ; les intérêts matériels ne demandent qu'ordre et stabilité. Nous tendons tous au repos, dit M. de Chateaubriant, et il dit cela dans un livre où il sonne le tocsin, où il proscrit comme insociable une classe entière de la société.

Qu'il me soit permis à ce propos de marquer la différence essentielle qui sépare deux mots que l'on prend quelquefois pour synonymes, ce sont les mots de repos et de paix. Le repos est le terme du mouvement, la paix est l'harmonie de tous les mouvemens; le plus haut point du repos, c'est la mort; le plus haut période de la paix, c'est la vie, la santé, la force.

Il n'y a que les poètes qui puissent dire la paix du tombeau, parce que les poètes ont, comme chacun sait, le privilége de parler sans s'entendre.

Les ilotes de Sparte étaient en repos; le nègre, sous le bâton du commandeur, est en repos. Demandez à nos colons s'il est en paix avec son maître.

Vous pourrez amener le repos par la terreur; vous ne fonderez la paix que sur des concessions réciproques.

CHAPITRE III.

Idée Mère.

FAIRE des ministres les serviteurs des Chambres, faire de l'initiative la prérogative des Chambres, c'est créer la dictature des Chambres : voilà les moyens. Tolérer les intérêts nés de la révolution, en flétrissant à jamais les hommes nés dans la révolution, c'est faire de la révolution même un instrument, pour ressaisir par elle plus qu'elle ne vous a ôté : voilà le but. Et remarquez bien que tous ces pouvoirs n'étaient point réservés aux Chambres, mais à une certaine Chambre ; que ces attaques n'étaient point dirigées contre le ministère, mais contre un certain ministère.

CHAPITRE IV.

M. de Chateaubriand dans sa dernière brochure. (1)

Le sénat romain, en condamnant la mémoire de César, ne laissa pas de ratifier les actes de son gouvernement. Il croyait concilier la justice et l'intérêt public ; il ne satisfit ni l'un ni l'autre. De la flétrissure imprimée au nom du dictateur, les amis des anciennes mœurs conclurent qu'on ne pouvait obéir à ses lois ; et de la sanction donnée à ses lois, les amis du dictateur conclurent qu'on ne pouvait faire grâce à ses meurtriers. Tous étaient conséquens, hors le sénat.

La politique de M. de Chateaubriand ne ressemble-t-elle pas un peu à celle du sénat ? Il reconnaît la validité des élections ; mais il lui

---

(1) Je ne parle pas de la Préface par où M. de Châteaubriand a couronné ses travaux littéraires ; c'est qu'en substance elle se réduit à ceci : *Lisez-moi*, *suivez-moi*, *vengez-moi*.

paraît qu'elles n'ont pas été libres. Il ne chasse point les nouveaux élus du sanctuaire, mais il déclare que plusieurs s'y sont introduits par la fraude. Quelle pensée faudra-t-il donc chercher au fond de ce chaos? Sera-ce la nécessité de soumettre les actes de la liberté publique à la police des tribunaux, et de faire du pouvoir législatif le vassal du pouvoir judiciaire? Nullement, s'écriera-t-il; je déclare en vingt endroits que ce n'est point comme accusateur que je parle: or, où manque l'accusation, qu'ont à faire les tribunaux? sera-ce qu'il faut mutiler la législature et arrêter la vie dans le cœur de l'État? Moins encore, puisque je reconnais hautement la Chambre, que je proteste hautement de sa légitimité. Mais toutes ces protestations ne seraient-elles point des mots de passe à l'abri desquels l'esprit de haine et de discorde se glisserait impunément? car à qui persuadera-t-on que l'on respecte l'exercice d'un pouvoir en l'attaquant dans sa source? il se cache certainement sous ces formes bizarres quelque chose qu'on craint de manifester, et qu'on voudrait pourtant faire entendre. Serai-je pour ce nouveau Sphinx un nouvel Œdipe? Dans l'impuissance d'arracher à la Chambre régénérée son autorité, on lui arrache la confiance publique; et ce qu'on ne saurait détruire par la force, on s'en remet à l'opinion pour le renverser. M. de

Chateaubriand a traité les élections comme il a fait les intérêts révolutionnaires ; il n'attaque point les élections, il dit seulement qu'elles sont le fruit de la brigue ; il ne les conteste pas, il les tolère.

M. de Chateaubriand se croit bien fort de quelques dénonciations ridiculement ampoulées, de quelques témoignages manifestement intéressés. Mais pense-t-il que nous ignorions tout ce qu'un certain parti a déployé d'astuce et d'audace pour égarer ou pour comprimer l'opinion, caressant et menaçant tour-à-tour, parlant de liberté avec la soif de la domination, et de tranquillité avec la soif du désordre? Et ces confédérations illégales, et ces provocations hostiles, et l'opprobre distillé goutte à goutte sur deux générations, et la persécution érigée en dogme, n'est-ce donc rien que tout cela? Un homme a été assez téméraire pour en appeler à toutes les passions, de l'ordonnance qui est venue mettre un frein à toutes les passions. Cet homme, nautonier indocile, a tiré le canon de détresse, quand le pilote signalait la terre ; et maintenant que le vaisseau vient de surgir au port, il ose condamner la manœuvre qu'il avait troublée, et rejeter le désordre sur ceux qui l'avaient réparé malgré lui !

J'aime à voir M. de Chateaubriand se porter pour défenseur de nos droits, lui qui s'étonne qu'on n'ait pas exclu de l'assemblée un électeur dont le crime était d'être le gendre d'un criminel, et quelques autres dont le crime était d'être sortis innocens d'une accusation capitale. L'homme de parti ne se montre-t-il pas aussi trop à découvert sous le manteau de l'homme de l'État?

Vous tonnez contre l'influence exercée sur les élections de 1816: qu'avez-vous dit de l'influence exercée sur les élections de 1815? Encore cette influence que vous condamnez, qui l'a amenée? qui l'a rendue nécessaire? qui a forcé la liberté à ne trouver de salut que sous l'égide de la puissance? Le crime unique des Ministres, mais aussi leur crime inexpiable, aux yeux de M. de Chateaubriand et des siens, c'est de n'avoir pas souffert que l'on nous conduisît sans obstacle et sans retard à l'anarchie, à l'esclavage, à la ruine commune.

Écrivains illustres, brillans orateurs, tribuns pleins de zèle, parlez-nous éloquemment de nos droits, que vous avez passé votre vie à combattre; faites bien retentir à nos oreilles des mots si long-temps en exécration parmi vous, mais dont vous connaissez la magie. Semez dans vos discours de vives images, animez-les par des élans combinés; vous ne me tromperez point. La nature perce malgré vous; je vois que vous emmiellez les bords du vase pour me cacher le poison qu'il contient.

CHAPITRE V.

M. Fiévée.

M. Fiévée commence par nous déclarer que sa Correspondance a été traduite dans plusieurs langues; cela peut être : pourquoi les étrangers ne seraient-ils point curieux de savoir comment on déraisonne en France? Il ajoute qu'on l'a traduite sur-tout dans les pays libres; je le crois aussi : pourquoi les pays libres ne chercheraient-ils pas à connaître par quels artifices on peut enchaîner la liberté, tout en affectant de lui rendre hommage?

Je ne m'étonnerais pas davantage que ses écrits fussent traduits en persan et en turc. Dans sa munificence, l'auteur fait la part de tout le monde. En les pressant un peu, on y trouve et la souveraineté du peuple et la féodalité, et la liberté individuelle et les proscriptions.

Ne pensez point que le Roi soit la source d'où les pouvoirs découlent, le fondateur comme le régulateur de la société; qu'il soit hors d'elle pour être mieux en elle. Non, M. Fiévée nous apprend que la royauté est un aspect de la société, une de ses manières d'être, une de ses situations mises en action, situation qui n'est point préexistante aux autres, mais coexistante. Si cela ne veut point dire que la royauté n'est qu'une abstraction, cela veut dire au moins qu'elle n'est qu'un des pouvoirs émanés de la société. Ainsi Epicure enseignait que la nature enfanta les dieux. Mettez ces hiéroglyphes en français, vous trouverez la société recelant dans son sein tous les pouvoirs, comme le chaos renfermait tous les élémens. La royauté en est sortie peut-être la première, peut-être la dernière, il n'importe; quand l'aristocratie et la démocratie en sortent avec elle, l'ordre est complet. Jusques-là, même avec la royauté, il n'y a qu'un commencement d'ordre. Ainsi la société est la source et non point le produit, la cause et non point l'effet, l'agent et non point la matière. La société est donc tout; et comme la société c'est le peuple, je demande si la souveraineté du peuple fut jamais plus clairement enseignée. Ce principe, que la Chambre des députés est égale au Roi, que la Chambre des pairs nommée par le Roi est égale au Roi, est si manifestement professé par M. Fiévée, que le moindre manque d'égards envers un noble dans un pays bien constitué lui paraît un attentat digne d'être classé parmi les crimes de lèse-majesté ou de tyrannie. « Si je vivais, dit-il, dans un pays » où le pouvoir aristocratique fût complet, ce qui » tendrait à l'attaquer dans ses *moindres prérogatives* me semblerait aussi criminel que les » attaques contre le pouvoir royal ou contre la

» liberté du peuple. » Est-ce là du royalisme, et qu'aurait dit de plus un membre de la Pospolite ?

Dans une brochure (1) que M. Fiévée n'a sans doute pas lue, car elle n'a pas, comme les siennes, le rare honneur de courir le monde, je m'efforçais d'établir sur des faits et sur des raisonnemens un système sans lequel on n'explique rien, celui de l'unité. « La Charte, disais-je, distingue trois pouvoirs : le pouvoir législatif, le pouvoir exécutif, le pouvoir judiciaire. Ces trois pouvoirs que M. Fiévée n'entend pas, ou qu'il feint de ne pas entendre, ne sont pas trois corps constitués, organisés, complets, existant chacun d'une existence propre et indépendante, comme les pouvoirs monarchique, aristocratique et démocratique. Ce sont trois manifestations d'une existence unique, trois fonctions d'une même société, trois facultés inhérentes à sa nature, nécessaires à sa conservation, divisibles seulement par l'analyse, mais tellement indivisibles en réalité, que, dans les états démocratiques, le peuple participe à chacun des trois, faisant des lois, nommant des magistrats, rendant des jugemens. Pareillement, dans une société monarchique, le monarque est législateur par l'initiative et la sanction, chef de la justice par le

---

(1) *Considérations sur quelques Doctrines politiques de M. Fiévée.* 1816.

droit qu'il a, seul entre tous, d'en modifier les arrêts ; agent unique, puisque toute action dérive de lui. Voilà bien l'unité de vie ; mais de substituer à cette signification abstraite du mot de pouvoir une signification purement physique, de prétendre que trois corps distincts et complets ne forment qu'un tout, c'est placer l'unité dans la désunion, la vie dans la dissolution ; c'est une absurdité en métaphysique, en politique et partout. Admettez trois ordres d'intérêts, entendez par ce mot de pouvoirs trois agrégations armées chacune de son levier, vous n'aurez point trois élémens, ni même trois organes d'un corps social ; vous aurez trois sociétés différentes que tous les raffinemens de la politique auront peine à concilier. » Nos manichéens politiques ne se souviennent point que le polythéisme fut le rudiment des religions. Ils ne veulent pas voir qu'un Etat qui serait à-la-fois royal et démocratique, par exemple, serait à-la-fois royal et ne le serait pas ; qu'un Etat qui serait à-la-fois aristocratique et démocratique, serait à-la-fois aristocratique et ne le serait pas ; mais l'algèbre a beau enseigner que $+a-a=o$, ils en savent plus que l'algèbre.

Au commencement du 12e. siècle, il s'éleva dans l'école une dispute qui devint une guerre. Il s'agissait de savoir si les formes universelles d'Aristote ou les essences de Platon sont des êtres réels ou bien des modifications de notre entendement ; c'est-à-dire, en termes plus simples, si nos idées sont en nous ou hors de nous. On conçoit bien que le parti des réalistes fut le plus nombreux : il y allait, disaient-ils, de toute la science. Les réalistes, ce sont ceux qui, en donnant un corps à des modifications, transforment les différens aspects d'une même société en des sociétés différentes.

CHAPITRE VI.

Encore Monsieur Fiévée.

QUATRE cents députés représenteront-ils mieux la France que deux cent cinquante ? Voilà certes une question toute nouvelle ; mais quelles questions n'élève-t-on pas ? Est-ce qu'une probabilité peut être à-la-fois morale et mathématique ? Si l'on vous somme de fixer la limite, vous ne sauriez. Elle n'est donc point mathématique ; et si elle n'est que morale, comment peut-elle être dans les nombres ?

Je vous demande si vous ne vous croiriez point bien représentés par cent hommes comme Sully ou L'Hôpital ? Et n'allez point me dire qu'au défaut de cent hommes comme eux, nous en aurons quatre cents comme tant d'autres. On ne fait point avec de la petite monnaie la valeur de ces pièces-là.

Ce n'est point dans le nombre que vous trouverez une bonne représentation, c'est dans la vertu, les talens, le patriotisme. Est-ce qu'un seul ambassadeur ne représente pas toute une nation? Mais il faut, dites-vous, des organes à l'opinion publique. Est-ce qu'un bon livre, par exemple, n'est pas un meilleur interprète de l'opinion publique que cent mauvais livres? Vous avez puisé dans la révolution cette religion du nombre; c'est un péché d'habitude, et l'on ne se corrige guères de ceux-là.

Parce que la Charte porte que le nombre des députés sera tel qu'il a été *jusqu'à présent*, on veut qu'il n'y ait pas plus de raison d'adopter le mode de 1814 que celui de 1793. Mais puisqu'aujourd'hui tout finit par la grammaire, comme autrefois tout finissait par des chansons, ce mot *jusques* n'indique-t-il pas contiguité? et toute interruption n'en exclut-elle pas l'emploi? Si quelqu'un demandait quel traitement mérite M. Fiévée pour ses rares travaux, et qu'on répondît celui qu'il a éprouvé jusqu'à présent, s'ensuivrait-il qu'il devrait être nommé préfet et conseiller-d'état, par cela seul qu'il a été l'un et l'autre sous Bonaparte? Je crois assister au fameux plaidoyer de Figaro : Il y a ET; non Messieurs, il y a OU.

CHAPITRE VII.

Toujours le même.

On n'est pas satisfait de nos déchiremens, il faut entretenir tous les fermens de haine, et séparer la nation en deux nations.

Ce que les royalistes exagérés veulent, dit M. Fiévée, est d'une impossibilité absolue; ce que les révolutionnaires exagérés désirent, peut au contraire se réaliser encore. Grand merci pour la nation, pour le trône, pour le siècle. Il s'ensuivrait de ces paroles que nos mœurs seraient plus près du régime de Marat que de celui de Suger. N'est-ce pas, selon l'expression de Figaro, calomnier à dire d'experts? et devons-nous rester indifférens aux conséquences qui peuvent sortir d'un ouvrage traduit dans toutes les langues et répandu dans le monde entier?

Mais si le rétablissement de l'ancien régime est d'une impossibilité absolue, pourquoi toutes ces entorses à la loi qui établit un régime nouveau? Qu'est-ce que ce complément qui manque à l'aristocratie, ces corporations qui manquent à la démocratie? Est-ce donc pour obtenir l'impossible qu'il convient de s'agiter si fort?

Qu'importe, au reste, que ce soit la pensée secrète de M. Fiévée? il nous défend de le juger autrement que sur sa pensée écrite. Ce n'est pas lui qui aurait jamais dit : *La lettre tue, et l'esprit vivifie.* Il importait peu, selon lui, que quelques Députés de 1815 eussent une langue pour les salons et une autre pour la tribune. Prononçaient-ils les paroles sacramentelles, les voilà quittes de leurs obligations, et nous ne pouvions en conscience leur refuser une pleine et entière foi. Il est vrai que leurs admirateurs ou leurs émissaires ne cessaient de répéter dans les cafés et dans les lieux publics, qu'au bout de cinq ans on *fermerait la boutique pour ne plus l'ouvrir*; que *force nous serait de tout avaler de l'ancien régime, jusqu'au dernier capucin*, et autres gentillesses semblables, qui n'étaient pas, comme on voit, un commentaire fort élégant des propos de salon. Mais cette énergie a bien son mérite; et sans aller plus loin, leurs aimables chansonniers ne tourmentent-ils point leur muse de carrefour, pour lui faire dire que les muses sont des furies, c'est-à-dire que la science est le chemin de la Grève; car quel autre sens donner à ce noble refrain :

Et pas plus de lumières
Que n'en avaient nos pères.

Nous avons en vérité des instituteurs admirables, et qui, si nous n'y prenons garde, nous feront payer cher leurs leçons.

CHAPITRE VIII.

Mauvaise Foi.

Si je ne m'étais imposé la loi du Clepsydre, je trouverais ici matière à des *in-folio* ; prenons au hasard :

« Rien n'avance le moment des proscriptions » comme le besoin de ranger toutes les opinions » sous deux bannières. »

Or, qui a réduit les opinions à deux? qui a confondu des hommes de bien dans la classe des méchans? qui a flétri du nom de révolutionnaires précisément ceux qui trouvaient que c'était trop d'une révolution?

« La révolution n'a détruit les anciennes ins- » titutions, que parce qu'elles étaient en oppo- » sition avec les mœurs nouvelles. »

Les mœurs ont donc changé; car si elles sont maintenant ce qu'elles étaient quand le besoin de la réforme s'est fait sentir, pourquoi voulez-vous, et comment pouvez-vous ramener les anciennes institutions?

Voici ce que M. Fiévée a pu comprendre dans les écrits ministériels : « Ce qui est dans la Cons- » titution n'est pas dans la Constitution ; ceux qui » ne veulent pas de la Constitution sont les défen-

» seurs de la Constitution. » Et qui sont ceux que M. Fiévée immole ainsi sur l'autel de la plus impérieuse de toutes les divinités, son amour-propre? Les mêmes hommes qui ne cessent de réclamer l'exécution stricte et rigoureuse de la Charte; qui ne demandent de liberté ni plus, ni moins, qu'elle ne leur en accorde; qui la croient assez forte pour se soutenir sans auxiliaire. A voir M. Fiévée, M. de Chateaubriand et tous les docteurs de la secte, prêcher la Charte à ceux qui ne connaissent que la Charte, ne dirait-on pas de Calvin prêchant l'Evangile aux catholiques !

Il faut l'avouer pourtant, et ce n'est pas moi qui souffre le moins d'un tel aveu, les plus précieux de nos droits sont suspendus; la dictature retient encore la loi captive. Mais qui répondra de ces retards? à qui demanderons-nous compte d'une trop longue minorité? Qui nous a dépouillés de notre double égide? Les lois proposées ne sont-elles pas un adoucissement aux lois de 1815? et ces lois de 1815, qui les avait portées? Le principe appartient aux hommes de ce tems; les tempéramens qui le modifient appartiennent aux ministres. Ne demandez donc pas si la dictature est constitutionnelle; demandez si, de l'état inconstitutionnel où vous nous avez placés, à un état constitutionnel, il convient de brusquer la transition : que les médecins politiques répondent.

Prêter à ses adversaires des absurdités qu'ils n'ont point dites, pour se donner le plaisir de les décrier aux yeux de ceux qui ne les ont point lus, tourmenter la lettre, fausser l'esprit de la loi, entasser les contradictions, quelquefois les niaiseries, et ne jamais quitter ce ton de supériorité que donne la conscience de ses forces, voilà M. Fiévée. Avec tout cela on s'enfle, on se travaille, on grossit sa voix, on annonce à l'univers et à la postérité une rare découverte. Pauvre petit orgueil humain !

J'avais dessein de parler ici des doctrines de M. Fiévée sur la pairie et sur les élections ; mais je me propose de traiter plus bas ces deux sujets, et je tâche à ne pas être de ceux qui composent un in-4°. d'une même idée reproduite sous vingt formes. Encore si l'idée était juste, et les formes aimables !

CHAPITRE IX.

M. de Sesmaisons.

En caractérisant l'écrit de M. de Sesmaisons, j'ai expliqué les motifs qui me le faisaient réserver pour le dernier, c'est que M. de Sesmaisons dit tout haut ce que les deux autres sous-entendent. En substance, sa brochure se réduit à ceci : la révolution dure encore, puisque tout n'est pas exactement et absolument comme il était autrefois. Donc, pour clore la révolution, il faut que tout soit exactement et absolument comme il était autrefois. Il n'y a ni plus ni moins dans la brochure entière. Malheureusement cet enthymème conclut contre son antécédent. Il fallait dire : la révolution a commencé par l'espérance d'obtenir ce qui est aujourd'hui ; donc il serait à craindre qu'elle ne recommençât, si l'on ôtait ce qui est aujourd'hui.

La ligue qui se forma, sous Bonaparte, contre toutes les idées reçues, unanimement reconnues pour bonnes et justes, compta parmi ses principales armes le panégyrique de toutes les absurdités du moyen âge. Il parut des livres ténébreux que l'on prônait partout comme étincelans de lumière. Ces livres étaient écrits avec un fiel noir, d'un ton dur et tranchant, que l'on nommait solennel. Une pensée s'y montrait sous toutes les faces ; c'est que pour rendre heureux le genre humain, il faut le circonscrire en paroisses sous l'autorité des châtelains qui combattent et qui jugent, c'est-à-dire qui aient en main l'épée pour frapper, et la balance pour peser leurs propres torts. La grammaire venait au secours de ces belles théories. On trouvait dans les pronoms personnels le type du Gouvernement ; on le trouvait aussi dans la famille ; et parce que la mère, plus faible que le père et plus forte que les enfans, a sa part du commandement et de l'obéissance, on concluait gravement :

Qu'un seigneur de paroisse est un être sublime.

Tout cela se débitait à la face du soleil, dans le dix-neuvième siècle, au sein d'un peuple civilisé, parmi les monumens de la raison publique ; et les inventeurs de ces systèmes ne manquaient point de zélés néophytes qui se confondaient en témoignages d'admiration.

Telle est sans contredit la source où M. de Sesmaisons a puisé ses raisonnemens, et ses vœux, et ses plans. Telles sont les inspirations qui lui ont dicté ces étranges paroles : « Le Gouvernement représentatif n'est qu'une carrière ouverte » à toutes les ambitions; on n'examine pas si c'est » celui qui promet le plus de tranquillité extérieure et les plus grands moyens de défense » contre les attaques du dehors, dans un état » touché de toutes parts par des voisins puissans; il » offre des espérances à tous les amours-propres, » et c'est assez. » Ainsi le meilleur Gouvernement est celui qui repousse bien loin toutes ces prétentions à l'égalité politique, qui mortifie le plus les amours-propres, ces amours-propres dont l'exaspération a produit de si cruels déchiremens. Il n'y a que des révolutionnaires qui soutiennent contre l'axiome du droit romain, qu'un homme est toujours un homme, et non pas une chose (1). Ce sont eux qui accourent de toutes parts pour éloigner le *retour de toutes les institutions sociales*, et l'on sait trop ce que M. de Sesmaisons entend par *toutes les institutions sociales.* S'il en est ainsi, si pour être révolutionnaire il faut penser que le dix-neuvième siècle n'est pas tout-à-fait semblable au douzième ; que le Roi nous a accordé quelque chose en nous accordant la Charte ; qu'en appelant tous les Français à l'honneur de servir leur pays, il n'a pas voulu perpétuer mais terminer la révolution ; s'il faut être révolutionnaire pour croire tout cela, je crains fort que le nombre des révolutionnaires ne soit plus grand qu'on ne pense.

CHAPITRE X.

De l'Amour-propre.

Qu'un grave moraliste vienne, du fond de sa retraite, me révéler le néant d'un monde qu'il

(1) Homo est res vel persona.

méprise ; que, mortifié par les austérités de la pénitence, il gourmande en moi un luxe corrupteur ou d'ambitieux désirs ; qu'il se montre humble en me prescrivant l'humilité, je volerai sans peine au-devant d'un joug que celui qui me l'impose supporte lui-même, je croirai au précepte que l'on observe en le donnant, et j'embrasserai avec joie un sacrifice dont je vois ou dont je pressens les dédommagemens par la ferveur de celui qui ne l'exige qu'en le partageant avec moi. En serait-il de même si l'on osait me dire : Sois pauvre pour grossir mes trésors, sois malheureux pour assaisonner mes jouissances, courbe-toi afin que je pose mon pied sur ta tête ; nous sommes nés, moi pour dominer et jouir, toi pour ramper et souffrir. Je ne sais si un tel discours convertirait bien du monde ; mais je sais bien, pour moi, qu'il me trouverait incrédule.

Un écrivain est bien embarrassé quand il a son intérêt à concilier avec ses devoirs. Quelle que soit l'habileté de M. de Sesmaisons, cette épreuve était difficile pour lui comme pour d'autres. Heurter de front la Charte, écrire en toutes lettres qu'on n'en veut plus, c'était aussi un procédé par trop scandaleux. Il a bien fallu reconnaître les droits des plébéiens, les proclamer même, et paraître pénétré de respect pour cet axiôme : Les hommes sont égaux devant Dieu et devant la loi. Mais après ces belles protestations on s'écrie que la majorité des Français veut la distinction des rangs, comme si les rangs étaient confondus dans un ordre de choses où la noblesse n'a perdu que le droit de former un état dans l'Etat, et des échasses pour toutes les petites ambitions; on demande pour elle des majorats, des places réservées dans tous les services, un jury spécial dans les tribunaux. N'est-il pas absurde de taxer d'orgueil celui dont tout l'orgueil consiste à résister au vôtre? César ne voulait pas de maître, Pompée ne voulait point d'égal : lequel des deux était le plus ambitieux, je vous prie?

Ces choses feraient pitié, si elles étaient dites de bonne foi. Rétablir toutes les distinctions de naissance, et admettre indifféremment tout le monde aux emplois, c'est vouloir évidemment et ne vouloir pas. Je conçois que le paria de l'Inde ne songe point à devenir brame un jour. Il est né paria comme un reptile est né reptile. Circonscrit dans la nature que vous lui avez faite, jamais ses pensées ne s'élèveront au-dessus; il n'aspirera pas plus à votre pourpre que vous n'aspirez à l'intelligence des anges. A son égard usez des droits que vous vous êtes donnés, abusez même, il supportera tout; mais de vouloir d'une main le frapper en paria, et lui tendre l'autre pour qu'il entre au collége de

Bénarés, il me semble que cette conduite n'est pas sans quelque danger.

Pensez-vous de bonne foi qu'il serait facile de plier la cour d'Haïti à la discipline du code noir? On n'arrache pas tout d'un coup du cœur de l'homme le sentiment de sa dignité; on modifie ce sentiment peu-à-peu par des habitudes et des traditions d'esclavage; mais il est rare qu'il s'efface entièrement; et s'il a fallu des siècles pour l'éteindre et l'abâtardir, il ne faut qu'un instant pour lui donner l'éclat et la force. Mais est-ce donc un si grand mal que nous nous sentions hommes? est-ce avec des esclaves que les nations prospèrent? Vertueux, la fierté nous élève encore; corrompus, elle prévient du moins l'abrutissement et supplée quelquefois à la vertu. Si telle était notre condition; si, comme de faux prophètes prennent plaisir à nous l'annoncer, nous étions en effet descendus à ce dernier degré de misère au-delà duquel il n'est plus que la fange et l'oubli, Malheureux, qu'allez-vous faire? Un reste de vie se laissait apercevoir encore, et vous venez l'étouffer de vos mains!

CHAPITRE XI.

De la Chevalerie.

Je serais curieux d'opposer à ce siècle odieux qui réchauffe tous les amours-propres, celui qui les humiliait de toutes les façons. On voit bien que je veux parler des temps où infâme et roturier étaient synonymes. Ceci mérite bien un chapitre tout entier.

Quand je lus pour la première fois dans Pierre de Blois que les *sommiers* des chevaliers étaient chargés communément non de fer, mais de vin, non de lances, mais de fromages, non d'épées, mais de pots, non de javelines, mais de broches, *non ferro sed vino, non lanceis sed caseis, non ensibus sed utribus, non hastis sed verubus*, je crus rêver. Il me fallut une seconde lecture, pour me convaincre que c'était bien de nos preux qu'il s'agissait. L'auteur ajoute qu'ils sont, à la vérité, couverts de boucliers où l'or reluit de toutes parts; mais qu'ils les remportent vierges, *virgines et intactos;* que leurs selles et leurs écus sont bigarrés de peintures qui représentent des combats de chevalerie, mais qu'ils n'osent regarder la guerre que dans ces images : *Bella tamen et conflictus equestres depingi faciunt in sellis et clypeis, ut se quâdam imaginariâ visione delectent in pugnis quas actualiter videre et ingredi non audent.* Pierre de Blois appartient à la fin du 12e siècle.

Pénétré de cette maxime de droit : *Testis unus, testis nullus*, je me serais fait scrupule de porter un arrêt sur le témoignage seul de Pierre de Blois. Ce fut aussi pour le confondre, ou pour me convaincre, que je me mis à feuilleter les chroniqueurs ses contemporains. De ce nombre est le moine du Vigeois. Cet historien comptait dans une de nos armées jusqu'à 1500 concubines, toutes appartenant à des chevaliers de haut parage, puisqu'elles étaient toutes vêtues comme des princesses : *Quarum ornamenta inæstimabili thesauro comparata sunt.* Il m'a paru que ces deux écrits se recordaient assez ; car, pour parler le langage du bon vieux tems, couardise est volontiers compagne de paillardise.

Joinville, qui vivait au 13e siècle, ne leur est guère plus favorable. On lit dans cet historien, témoin oculaire, que Philippe de Toncy étant venu offrir ses services à saint Louis, lequel était pour lors à Césarée, nos gens furent obligés de se faire saigner avec ceux de ce même Philippe ; ensuite ils mêlerent leur sang avec du vin, burent à l'envi cet horrible mélange, et s'écrièrent qu'ils étaient tous frères de sang. Cette cérémonie ne semble pas annoncer des vertus parfaites.

Il ne tiendrait qu'à moi d'enrichir ce tableau de toutes les gentillesses des *pénitens d'amour*, d'après Vayssète. Les amateurs de *priviléges* me sauraient gré de leur retracer ceux de *Galois*, assez semblables à la singulière prérogative que le sénat voulut accorder à César (1), et la courtoisie non moins singulière des châtelaines envers les chevaliers (2), et tous ces usages si nobles et si pieux, assez énergiquement décrits par Vély, dans le récit des tournois donnés par Charles VI pour la chevalerie du roi de Navarre, son frère (3). Ce chapitre pourrait servir de pendant à l'esquisse des mœurs chevaleresques, par M. de Sesmaisons. Je rappellerais aussi tous les griefs imputés aux chevaliers du Temple, si l'humanité ne s'étendait aux morts, sur-tout à ceux qui furent malheureux. Mais voici une remarque : Au siècle des Templiers presque tout le monde les crut coupables, presque tout le monde aujourd'hui les croit innocens. De ces deux siècles quel est le plus avancé dans la morale ?

Il ne faut rien taire. Vély, Vayssete et la foule des censeurs, n'ont pas jeté le gant sans qu'il se soit trouvé personne pour le relever, et les champions de tous les opprimés n'ont pas manqué de

---

(1) Le droit de mari sur toutes les femmes.

(2) Lorsqu'une dame reçoit chez elle un chevalier, dit Vély, elle ne veut point s'endormir qu'elle ne lui envoie une de ses filles pour lui faire compagnie.

(3) « Chacun cherchait à satisfaire ses passions, et c'est tout » dire qu'il y a des maris qui pâtirent de la mauvaise conduite » de leurs femmes, et qu'il y eut des filles qui perdirent le soin » de leur honneur, etc., etc. » (*Histoire de Saint-Denis*, chap. 7, pag. 370 et 371.)

champions pour eux-mêmes. J'oserai dire qu'ils en ont eu de maladroits à force de zèle, et je mettrai dans ce nombre ce Dutillet (1), qui crie au scandale, et prédit la chute de l'Etat, parce qu'un écuyer ose porter des éperons dorés, et parce qu'un roturier ose porter des éperons blancs; sur-tout ce Sainte-Palaye, qui pour mieux rehausser la vertu des chevaliers, déclare nettement que tout le reste n'était bon qu'à égorger et dépouiller les vaincus, comme les moinillons qui suivaient le frère Jean des entomeures (2). Or, tout ce reste-là, c'est la nation. Le noble chroniqueur n'avait pu prévoir le glorieux démenti que cette même nation donnerait un jour à ses détracteurs. Mais l'histoire des tems passés ne portait-elle pas aussi témoignage? Étaient-ce deux cent mille chevaliers, par exemple, que ces deux cent mille hommes qui, à la voix de Louis-le-Gros, se levèrent pour arrêter les efforts de l'empereur Henri V? et ces quatre-vingt mille

---

(1) « Le chevalier, dit-il, était discerné ès esperons, qu'il » portait dorés; l'écuyer les portait blancs, ne lui estant loisible » de les porter dorés. Maintenant le roturier les porte, tant tout » ordre ancien et bon a été peu-à-peu abattu; et la confusion, » mère de toute licence, est entrée en règne par tolérance. » (Dutillet, *Réc. des Rois de France*, chap. des Chevaliers, et l'ordre et état de Chev., pag. 318.)

(2) Rabelais.

hommes qui suivirent Louis--le-Jeune à la conquête d'Edesse? et ces légions de croisés qui, sous Philippe-Auguste, firent de Bysance la vassale de Paris? et ces cinquante mille guerriers qui, dans les plaines de Bouvines, repoussèrent cent cinquante mille hommes? Les chevaliers n'ont pas gardé toute la gloire pour eux, quoiqu'ils aient gardé toute la renommée; et tout *manans* que nous sommes, ce n'est pas de l'eau que notre sang.

Je veux croire avec les dévots en chevalerie, que ces preux de la table ronde pourfendaient les géans et désenchantaient les belles; car il ne faut pas douter que le monde ne fût alors peuplé de géans, et sur-tout de sorciers. Je crois fermement à la vertu du cor de Roland, aux rares exploits des quatre fils Aymon, au voyage d'Astolfe dans la lune, d'où il aurait bien fait de rapporter ce qui manque à bien des cerveaux; ma nourrice ne m'a-t-elle pas entretenu de ces merveilles, et n'est-il pas raisonnable de juger des mœurs de la chevalerie sur ces modèles, comme de juger des héros de la Grèce, d'après Hercule et Jason?

Une chose néanmoins, en dépit de moi-même, tient en échec mon admiration; c'est qu'il me semble que ces braves, si fameux, ne couraient pas de grands risques. On ne sera peut-être pas mécontent de trouver ici une description de leur

armure. « Quant aux hommes de cheval, dit Fau-
» chet, ils chaussaient des chausses de mailles,
» des éperons à molettes, aussi larges que la
» paume de la main; car c'est un vieux mot
» que le chevalier commence à s'armer par les
» chausses; puis on donnait un gobisson, vête-
» ment qui s'étendait jusques sur les cuisses.
» Dessus ce gobisson ils avaient une chemise de
» mailles longue jusqu'au-dessous des genoux,
» appelée auber ou hauber, du mot *albus*,
» parce que les mailles de fer bien polies, four-
» bies et reluisantes, en semblaient plus blanches.
» A ces chemises étaient cousues les chausses, ce
» disent les annales de France, en parlant de Re-
» naud, comte de Dammartin, combattant à la
» bataille de Bouvines; un capuchon ou coiffe,
» aussi de mailles, y tenait, pour mettre la tête
» dedans; lequel capuchon se rejetait derrière,
» après que le chevalier s'était ôté le heaume;
» et, quand il voulait rafraîchir, sans ôter le har-
» nois, ainsi que l'on voit dans plusieurs sépul-
» tures, le hauber ou brugne, ceint d'une cein-
» ture de large courroie; et, pour dernière arme
» offensive, un elme ou heaume, fait de plusieurs
» pièces de fer, élevées en pointe, et lequel cou-
» vrait la tête, le visage et le chinon du cou,
» avec la visière et ventaille. Leur cheval était
» volontiers houssé, c'est-à-dire couvert et capa-

» raçonné de soie, aux armes et blason du che-
» valier ; et, pour la guerre, de cuir bouilli ou
» de bandes de fer. » Avec toutes ces précautions, il était possible que le chevalier fût assommé ; mais il n'était guère probable qu'il fût percé : ce qui ne laissait pourtant pas d'arriver quelquefois, et le vainqueur faisait alors trafic des dépouilles du vaincu, même de son cadavre ; coutume antique, à la vérité, mais que je n'aime guère mieux, pour être empruntée des héros d'Homère. Il me semble que nos guerriers modernes, courant à l'assaut et se jetant dans la mêlée, sans bouclier et sans cuirasse, pourraient ne pas le céder en bravoure à des héros garantis contre tous les accidens, si nos guerriers n'avaient pas le malheur d'être presque tous entachés de roture.

On vante beaucoup la foi vive et ardente des chevaliers. Sur quoi je proposerai humblement, comme il convient à ma roture, quelques doutes que mon esprit ne saurait éclaircir. Des hommes assez profondément ignorans pour se faire gloire de ne pas savoir lire, pouvaient-ils se dire pieux ? Ne semble-t-il pas, au contraire, que l'ignorance enfante la superstition, et que la superstition est l'ennemie de la piété ? Voilà mon premier doute. Des hommes qui ordonnaient au mari de sortir afin de rester libres avec sa femme, étaient-ils de la religion qui prescrit sur toutes choses la pureté du cœur? Voilà mon second doute. Des hommes qui estimaient leur cheval plus que leur paysan, et qui ne concevaient point de nom assez vil pour désigner le peuple, étaient-ils de la religion qui déclare que tous les hommes sont frères? Voilà mon troisième doute.

J'avouerai qu'il m'est difficile de trouver la preuve d'une piété bien pure sans la bizarre association de Josué, David, Judas, Machabée, Hector, Alexandre, Jules-César, Charlemagne, Artus et Godefroy, qui étaient les neuf saints de la chevalerie. Et, pour le dire en passant, ceux qui prétendent absoudre l'institution des abus que j'ai décrits plus haut, sous le prétexte que ces abus appartiennent aux temps de la décadence, auront peine, d'après ce fait, à déterminer les tems de sa gloire; car il est naturel que le saint ait précédé le culte. Or, Godefroy de Bouillon florissait vers la fin du onzième siècle, c'est-à-dire moins de cent ans avant Pierre de Blois et les autres censeurs; et si l'on daigne réfléchir aussi que l'abus a dû précéder la censure, je pense que ces tems si vantés se circonscrivent dans un espace bien étroit.

Je ne voudrais pas fâcher les dames dont j'ai osé prendre en main la querelle contre un champion en simarre (1). Et la morale de l'historien de Saintré qui veut que tout amant qui s'entend à *servir loyalement sa dame soit sauvé* ; cette morale est trop douce, pour me déplaire, puisqu'elle mène au Paradis par un chemin de fleurs. Je conçois à merveille leur prédilection pour des mœurs dont nous avons au moins retenu le mot *adorer*; et combien la philosophie , cette inflexible régente qui va toujours redressant les véritables torts, doit leur paraître maussade en comparaison de sa brillante ennemie ; avec tout cela je me persuaderai difficilement qu'il soit nécessaire à la grandeur d'un État , que nos jeunes guerriers apprennent de la même bouche le catéchisme et l'art d'aimer, c'est-à-dire , qu'ils cherchent leur salut dans la voie des naufrages ; je me persuaderai tout aussi peu que les formes augustes de la religion soient instituées pour sanctifier la volupté ; et malgré le brillant triomphe de l'initié , et le ballet des chevaux de bataille , et la fête du Faisan, et toutes les magnificences des joûtes et des tournois, je persisterai à penser que les tems de la chevalerie sont des tems de barbarie.

---

(1) *Petite Lettre à un grand homme*. Paris , 1816.

CHAPITRE XII.

Suite.

On pourrait croire, ou peut-être on pourrait dire, sans le croire, que mon dessein est de rabaisser les grands noms et de désenchanter l'histoire. Il faut que j'explique toute ma pensée.

Nier qu'il fut dans les tems de la chevalerie des hommes qui mirent toute leur ambition dans la gloire, et toute la gloire dans la vertu, ce serait pis que d'être aveugle, ce serait être insensé. L'illustration de ces hommes est notre illustration; leur grandeur est notre grandeur; nous ne leur disputerons rien que nous ne disputions à nous-mêmes.

Maintenant que les héritiers de ces races illustres, échappés du naufrage qui pouvait tout engloutir, hors la mémoire de leurs aïeux, sont revenus embellir, agrandir notre horizon politique, au lieu de trembler pour la liberté, réjouissons-nous qu'elle ait recouvré ses patrons. Tel est l'inévitable effet d'une condition élevée au-dessus des conditions vulgaires, qu'il n'en sort que des pensées de modération, de générosité, de bienveillance universelle. Et que pourraient prétendre de plus ceux que l'admiration des peuples et la reconnaissance des Rois ont placés si haut? quel besoin ont-ils, pour être grands, d'un faux semblant de grandeur? Non, ce ne sont point, ce ne seront jamais de tels hommes devant lesquels trouveront grâce les doctrines de la tyrannie. Ce n'est pas un Doria qui menacera la liberté de Gênes. Et nous, avant que nous comptions au rang de nos oppresseurs un Montmorency, un Chatillon, un Biron, un Richelieu, un Brissac, un Larochefoucault, un Lally, il faudra que toutes les affections naturelles soient changées, que tous les élémens de l'ordre social soient confondus. Nourris pour ainsi dire dans le giron de la royauté, ces ames sont devenues presque royales. Le pauvre, en leur présence, n'éprouve point un sentiment de gêne, un secret instinct l'avertit qu'il voit des amis.

Mais autant il y a de popularité dans la véritable grandeur, autant il y a d'arrogance et de hauteur dans les puissances subalternes. C'est l'aristocratie bernoise qui se venge sur ses sujets de ne pas avoir un royaume à gouverner. Ces caricatures de la grandeur prêteraient à rire, si nous ne savions que la semence de toutes nos révolutions est là. Ils ont excité *la Jacquerie* (1); ils ont préparé 1789; ils prépareraient de nouvelles tragédies, si le

---

(1) Lorsque le gentilhomme pillait et rançonnait le paysan, il l'appelait en dérision, Jacques Bonhomme. (Mézeray.)

Prince et la loi n'étaient plus forts que jamais. Tyrans redoutés du hameau qu'ils remplissent majestueusement des pompes de leur cour et du bruit de leurs meutes, rampans au pied du pouvoir, inaccessibles au petit nombre de leurs inférieurs, ne pouvant être grands, et ne voulant point être peuple, voilà les hommes que nos libertés offensent, parce qu'ils sont près de nous. Et que nous importent à nous leur illustration obscure et leurs énigmatiques aïeux, et cet étalage de titres si bien connus de leurs parasites et de leurs piqueurs? Qu'est-ce pour un peuple entier que des souvenirs domestiques? qu'est-ce qu'un nom qu'il faut aller chercher dans les indéchiffrables archives d'un manoir en ruines? Ils ont beau vouloir s'élever, l'histoire par son silence les rabaisse à notre niveau, et nous trouvons du moins l'égalité dans ce vaste oubli comme dans une tombe commune.

CHAPITRE XIII.

Biens nationaux.

Sans doute le plus beau jour de notre époque serait celui où les deux grands intérêts que la Charte n'a pu confondre cesseraient de rester en présence, comme deux lutteurs impatiens d'en venir aux mains. Le vœu qu'exprime ici M. de Sesmaisons est celui de tout bon Français. Je n'y vois de trop que l'intervention du Gouvernement. Je sais que M. de Sesmaisons bannit de cette intervention toute contrainte; mais ce que le Gouvernement favorise, il l'ordonne. Entre des intérêts qu'il a laissés divisés, vouloir qu'il rompe la neutralité, c'est vouloir qu'il réforme la loi. Laissez les choses suivre leur cours. Si les acquéreurs sont disposés à des sacrifices, ils sauront bien les faire d'eux-mêmes; s'ils n'y sont pas disposés, l'intervention du Gouvernement, même sans contrainte, pourra bien entretenir les défiances et décréditer la propriété; mais c'est là tout. M. de Sesmaisons cite d'honorables exemples. Ceux qui les ont donnés aspiraient-ils au prix que la reconnaissance de l'auteur leur assure? et ceux qui ne les ont pas suivis ignoraient-ils tous qu'on les avait donnés?

CHAPITRE XIV.

Le bout d'Oreille.

« A la nouvelle de la dissolution de la Cham-
» bre, tous les révolutionnaires sont accourus,
» et ont écarté ceux qu'ils soupçonnaient de fa-

» voriser *le retour de toutes les institutions so-» ciales.* » Voilà l'amour pour la Charte.

« Sans le Roi, point de légitimité, et à sa suite » il faut encore *tout ce qui est légitime, le Gou-» vernement tout entier.* » Voilà la renonciation aux anciens droits.

« Les émissaires du ministère sont venus en-» courager des hommes encore tout souillés de la » fange de la révolution, pour les faire entrer » dans leurs rangs étonnés, et quelquefois in-» dignés d'une telle alliance. » Voilà la liberté des élections.

« Ils forceront les journaux, avides de répan-» dre la calomnie, à ne plus épancher leurs ve-» nins. » Voilà la liberté de la presse.

« Les acquéreurs sont seuls défenseurs de leur » cause; les spoliés sont avec ceux qui n'ont » point partagé leurs dépouilles. » Voilà l'irré-vocabilité de la vente des domaines.

« La première origine de la noblesse remonte » au droit de *conquête* et de propriété; » et ceux de la nature, M. le conquérant? Voilà l'égalité politique.

CHAPITRE XV.

Résumé de la Seconde Partie.

Il sort de toutes ces discussions une vérité consolante, c'est que, pour arriver à la liberté du peuple, ses ennemis attaquent d'abord l'autorité du Roi. Les imprudens nous font voir clairement par ce détour même que nos principes ont vaincu, et qu'ils vaincront toujours.

---

§. III.

Appel au bon Sens.

CHAPITRE PREMIER.

Le Roi.

La philosophie païenne enseignait que le chaos avait précédé la nature, et réduisait ainsi Dieu à n'être que l'ordonnateur des mondes qu'il n'avait pas créés. Je trouve dans ce rêve des anciens poètes le modèle de la législation du moyen âge; législation informe et confuse, qui réunit sous un même toît des ennemis ardens à s'entre-détruire. Au fond, un gouvernement qui n'est pas d'une même nature, n'a d'un gouvernement que le nom; une législation qui se compose de plusieurs législations, n'est qu'une collection plutôt qu'un ensemble de lois. C'est pour cela qu'un législateur unique convient mieux que plusieurs législateurs; sa loi ne porte qu'une seule empreinte. C'est pour cela que le tems n'est pas, comme on nous l'a enseigné, le législateur-souverain, mais plutôt le garant des lois ; car il ne fonde que les mœurs ; et, dans l'ordre des choses humaines, les mœurs marchent toujours devant, laissant les lois se traîner à leur suite.

Le pouvoir primitif et constitutif d'une monarchie est naturellement le pouvoir royal. Le dépouiller de ses attributions, c'est lui ôter le sceptre et le manteau, pour ne lui laisser qu'un siége placé sur un abîme.

Tout s'accordait pour nous doter de cette unité, sans laquelle il n'y a pour les Etats ni ordre, ni force, ni grandeur, et que les troupeaux humains de la vieille Asie ont eux-mêmes reconnue. Egerie inspira Numa. Dieu a pris par la main un sage, long-tems éprouvé, en lui donnant la mission de concilier le passé avec le présent ; et si d'obscurs intérêts ne fermaient bien des cœurs à sa sainte voix, il verrait déjà sa mission accomplie.

CHAPITRE II.

Les Pairs.

Si l'on demande ce qu'est la pairie, l'un vous répondra, c'est la représentation de la noblesse ; l'autre, c'est la représentation des intérêts aristocratiques; un troisième, c'est la représentation de l'Etat contre les communes. Mais pour être représentée, il faudrait que la noblesse fût un ordre; pour que la pairie représentât la noblesse, il faudrait qu'elle fût exclusivement tirée du corps de la noblesse; ce qui n'est pas, ce qui ne saurait être, sans que l'égalité politique ne soit violée. La représentation des intérêts aristocratiques est un mot vide de sens pour qui sait combien la civilisation crée d'aristocraties; et comme ces aristocraties n'ont pas une même source, il s'ensuivrait une représentation commune d'intérêts divers et souvent opposés. Le même orateur qui veut qu'elle représente les intérêts de l'Etat contre les communes, a posé en principe que la commune était l'élément de l'Etat; d'où il suivrait que les élémens d'un tout sont contraires au tout; grand mystère métaphysique devant lequel je laisse d'autres se prosterner. Il ne faut pas oublier qu'après avoir attribué au corps aristocratique la représentation des intérêts de l'Etat contre les communes, on attribue au même corps la représentation des intérêts des communes contre ceux de l'Etat, par ce motif que les membres de ce corps ayant un plus grand nombre d'actions dans la mise commune représentent naturellement un plus grand nombre d'intérêts; ce qui établit non pas deux ordres de pouvoirs, mais deux degrés dans le même ordre, et tue tout d'un coup les trois élémens politiques et les trois initiatives, et toutes ces belles choses qui sont sorties un beau matin de quelques fortes têtes, comme Pallas sortit tout armée du cerveau de Jupiter.

Ceux qui se laissent guider par les mots, ne veulent voir la pairie qu'en Angleterre, parce qu'il n'y a qu'en Angleterre où les membres du sénat portent le nom de pairs. Mais en Angleterre même, où la pairie a ses racines dans la féodalité, son objet actuel n'est pas uniquement la défense des intérêts aristocratiques. J'en ai pour preuve l'admission non pas obligée, mais nécessitée, des nobles à la Chambre des communes; argument irrésistible en Angleterre où la noblesse exerce si bien des droits politiques, que celle d'un des trois royaumes élit directement ses représentans; et même, dès les premiers temps qui suivirent la conquête, quoique les grands vassaux eussent de leur droit propre et personnel une part au gouvernement, ils ne laissèrent pas de faire cause commune avec le peuple. Ce fut, comme le prouve très-bien Delolme, un effet des lois tyranniques du roi normand. Il ne faut donc pas croire, comme l'attestent de graves publicistes, qui procèdent de l'inconnu au connu, il ne faut pas croire qu'il existât même alors trois ordres d'intérêts; tout ce beau système d'un Roi armé pour sa dignité contre les pairs et les communes, d'une pairie armée pour défendre ses priviléges contre le Roi et les communes, et d'un peuple armé pour défendre ses libertés contre la couronne et les pairs, est une des mille et une inventions, dont l'oligarchie s'avise pour rétablir ses chimériques droits; et quand il serait vrai que les divers élémens de la société ne sont liés entr'eux que par des négociations à l'exemple des sociétés étrangères l'une à l'autre, qui, malgré ces négociations, je devrais dire à cause d'elles, conservent chacune leur physionomie, leur action propre, leurs intérêts distincts : si le contact des peuples efface tous les jours les différences naturelles, le contact de ces grands corps qui composent plutôt qu'ils ne constituent un état, ne peut manquer d'effacer les différences politiques. L'orgueil a beau tracer le cercle de Popilius, le mouvement social emportera toujours hors du cercle quelques-uns de ceux qu'on y tenait resserrés; et malgré tous les raffinemens d'une politique dédaigneuse, la société tend sans cesse au niveau. Ce ne fut point la loi de Canuléius qui amena les alliances entre les patriciens et les plébéïens, ce fut la loi de la nature; et ne croyez pas que le patriciat y perde. En se combinant mieux avec les élémens voisins, il ne donne pas plus qu'il ne reçoit. Ses fonctions, purement domestiques d'abord, deviennent nationales, et sa sphère s'agrandit en paraissant s'abaisser. Ainsi, l'homogénéité s'établit entre des intérêts divers et des natures ennemies. Dans ce travail progressif de la société vers l'unité, le même corps qui s'était, en quelque sorte, jeté hors de la constitution commune, y rentre pour l'affermir et la cimenter; de superfétation qu'il était d'abord, il devient en quelque sorte soudure; et, au lieu que dans son isolement il embarrassait les ressorts, dans sa situation intermédiaire il les assouplit et les fait s'engrener l'un dans l'autre.

Telle est, selon moi, la véritable fonction de la pairie, fonction bien autrement importante que la défense de quelques intérêts de famille : fonction véritablement auguste, puisque, sans elle, entre les deux parties constituantes du corps politique il y aurait solution de continuité.

Veut-on des preuves de cette destination de la pairie? l'histoire me les envoie en foule. Partout, même dans les aristocraties, même dans les démocraties, vous trouverez quelque chose qui ressemble aux pairs. Ainsi, le premier doge de Venise créa, sous le nom de prégadi, un corps intermédiaire; ainsi, Gênes plaça les seniores entre le doge et les quatre cents; ainsi les républiques du moyen âge eurent leurs anziani; ainsi,

Genève elle-même unit le sénat ou le prince, et le conseil-général ou le peuple, par le deux cents. Que si l'on prétend maintenant que l'intention de Gênes fut de créer de nouveaux intérêts aristocratiques dans une république de nobles, que l'intention de Genève même fut de créer des intérêts aristocratiques dans une démocratie presque absolue, je n'ai plus rien à dire.

L'explication que j'ai donnée est simple et naturelle; mais elle se fonde sur la fusion, sur l'unité; on ne voudra pas l'entendre.

CHAPITRE III.

Des Elections.

Je ne connais point d'augure plus heureux pour la liberté, que l'adoption du projet de loi sur les élections. La Chambre, que ce projet intéressait immédiatement, l'a jugé bon et utile; il est permis d'espérer que la décision des pairs viendra confirmer son jugement. Après une discussion qui a épuisé la matière, tout ce que je puis offrir c'est un résumé succinct; s'il est fidèle, il vaudra mieux que tout ce que j'aurais pu dire.

La loi des élections n'est que la reconnaissance des droits du peuple, avec la règle des garanties ; deux élémens dont l'un est impérissable comme la nature, et l'autre variable comme les situations des sociétés humaines. Chaque homme est unité du corps social ; c'est un principe qu'on ne saurait méconnaître sans dégrader l'humanité. Mais chaque unité, suivant les besoins de l'Etat, est en action ou en repos, c'est-à-dire, qu'elle exerce son droit, ou retient seulement la faculté de l'exercer. La forme du Gouvernement, l'étendue du territoire, la division et la nature des propriétés, tels sont les termes d'un rapport très-composé, dont la valeur est le prix du gage exigible, ou, ce qui est une même chose, la condition nécessaire à l'exercice du droit.

C'est à la société à hausser ou baisser le prix du gage. Trop élevé, il tend à l'aristocratie ; trop rabaissé, il tend à la démocratie ; les Gouvernemens modérés sont ceux où il n'est ni trop haut ni trop bas. Si quelque crise inattendue venait cumuler, ou subdiviser, ou transformer les propriétés, il est clair que le gage devrait suivre ces mutations, afin que l'ordre ne fût pas troublé. La raison veut qu'il soit plus considérable dans les Etats dont la principale richesse est territoriale ; et c'est pourquoi l'Angleterre qui, en dépit des enthousiastes, est travaillée dans sa constitution intérieure du plus grand vice que je connaisse, le défaut d'unité, présente en effet l'aspect de deux nations, l'une industrieuse, l'autre agricole, lesquelles ont deux systèmes d'*électivité*, si j'ose parler ainsi, et d'éligibilité; car comme le gage de l'électeur des campagnes est supérieur au gage de l'électeur des villes, le gage des représentans de comté est supérieur à celui des représentans des villes. C'est le peu d'attention qu'on a donné aux deux principes d'où ces faits découlent, je veux dire à l'instabilité de l'une des bases et à la mobilité de l'autre, qui a fait la difficulté, non pas de la loi, elle est écrite dans la Charte, mais du mode d'exécution de la loi.

Les uns ont parlé des assemblées primaires, comme si la représentation consistait dans une délégation spéciale. Ce faible argument a été victorieusement combattu par un orateur que je trouve rarement sur le chemin de mes pensées. Il a fort bien prouvé que ce n'est pont la volonté qu'on représente, mais les intérêts; et du reste, les intérêts ne sont-ce pas les volontés présumées? Que le peuple exprime ou n'exprime pas ses volontés, c'est une même chose; elles sont écrites partout. Quant aux moyens, si c'était à lui de les trouver, je ne vois pas à quoi une représentation serait bonne. D'autres ont fait des efforts pour justifier les colléges électoraux actuels qui neutralisent les droits de l'électeur. Je ne sais si ce moyen tendait au même but que le précédent, car il a eu pour défenseurs des orateurs du même bord. Mais il y tendait en attaquant le principe du droit, et l'autre en attaquant la règle des garanties.

Du reste, il est donné à un petit nombre d'esprits de saisir le vrai point de vue dans les questions politiques. Ici, je me plais à rendre un juste hommage à M. Royer-Collard: pour renverser d'un seul coup tout cet échafaudage de récriminations populaires ou aristocratiques, ou aristocratiques au fond et populaires en apparence, il ne s'est armé que d'un principe, celui du droit personnel. Ce principe donné, tout s'explique de soi-même, et l'illégitimité des assemblées primaires et l'usurpation des colléges électoraux. On reconnaît que la double élection est non-seulement un cercle vicieux, puisqu'elle revient par un détour au même point que l'élection directe, mais encore une invasion à main armée sur le domaine des lois, puisqu'elle remet au peuple le droit d'exclure ceux que les lois admettent.

Mais si chaque homme, dira-t-on, est une

unité dans le corps social, pourquoi chaque homme n'a-t-il pas le droit de suffrage? Pourquoi? par cela même. Ai-je besoin de m'expliquer mieux? La loi est, à l'égard de l'indigent, ce qu'elle est à l'égard du mineur dont elle garantit le patrimoine, en lui interdisant la faculté de le vendre à vil prix. Pour ne point exercer son droit, suit-il qu'il soit exclus de ce droit? Nullement, si l'exclusion n'est point originelle, mais accidentelle; s'il n'est point exclus parce qu'il est d'une telle nature, mais parce qu'il se trouve dans une telle situation. Son droit ne périt point; il dort, comme on disait de la noblesse d'un gentilhomme breton, quand sa mauvaise fortune le condamnait à un travail mécanique.

J'ai toujours pensé que Genève, quoique plus bornée, inclinait plus à l'aristocratie qu'Athènes. C'est qu'à Athènes le cens réglait la classe, au lieu qu'à Genève c'est la naissance. Toutes les richesses de Crésus ne feront point d'un *natif* l'égal d'un citoyen; c'est que la loi regarde à l'homme et non pas à la chose.

Il est incroyable combien de sophismes on accumule pour obscurcir cette vérité. Ceux qui redoutent le *droit personnel*, seul véritable droit dans un gouvernement régulier, vous disent que la commune est l'élément monar-

5

chique et non l'individu, et cela dans le même discours où ils définissent la commune une petite république. Pour ce qui est d'expliquer comment l'élément monarchique est républicain de sa nature, et quel avantage il résulterait pour la monarchie, aux yeux des peuples, d'une doctrine où l'individu ne serait compté pour rien, tandis qu'il serait compté pour tout dans une république, c'est une difficulté qui les embarrasse peu.

On étaye ce système par un tableau des tendances sociales auquel il ne manque rien que d'être fidèle. Les deux points fixes, nous dit-on, c'est l'indigence et l'opulence; le point mobile, c'est la médiocrité. De-là, cette brillante allégorie du pélerinage des familles vers la noblesse à travers les conditions moyennes. Tout cela, je l'avoue, est beau dans un rêve; mais j'ai peine à concevoir comment un homme éveillé jugerait qu'il faut confier exclusivement les intérêts du plus grand nombre à ceux qui sont placés au point où l'on ne peut plus monter, et le choix des délégués à ceux qui sont placés au point d'où l'on ne peut plus descendre. Et pour réduire la question à de plus simples termes, comment il jugerait qu'il faut confier le soin d'élire à ceux qui n'ont point d'intérêts à représenter, et élire ceux qui ne représentent que des intérêts d'un ordre supérieur. Pour moi, je place le mouvement où le réformateur a placé l'inertie, et l'inertie où il a placé le mouvement. Il me semble que, d'après la loi de la nature, ce qui est haut tend au déclin, et ce qui est bas aspire à l'élévation. Tout me dit que l'indigence et l'opulence sont les deux sphères qu'affectent les passions tumultueuses, et qu'en morale, comme en physique, le milieu est le point fixe.

CHAPITRE DERNIER.

Ces principes sont en petit nombre; mais ils sont féconds; je les ai tirés de la plus noble source, la Charte.

Il ne tiendrait qu'à moi de multiplier les discussions; mais je suis las de tourner dans le même cercle.

FIN.

www.ingramcontent.com/pod-product-compliance
Lightning Source LLC
La Vergne TN
LVHW010035230826
846091LV00005B/1710

* 9 7 8 2 0 1 2 9 6 4 0 2 0 *